NATIONAL GEOGRAPHIC

Peldaños

TRUCOS, TRAMPAS Y HERRAMIENTAS

Trucos

por Judy Elgin Jensen

Imagina que caminas en un bosque tropical en Queensland, Australia. El suelo está plagado de hojas marrones muertas. Pero observa con atención. ¿Todas son *realmente* hojas? ¡En la naturaleza, lo que ves no es siempre lo que parece!

Entre las hojas hay varios gecos de cola de hoja. Tienen el color y la forma de las hojas. Incluso su cola parece una hoja. Estos gecos no se mueven mucho: esperan para atacar a los insectos. Los **depredadores** a los que les gustaría comer gecos no pueden verlos con facilidad.

▲ ¿Cuántos gecos de cola de hoja puedes encontrar? El fondo se ha aclarado para que sea más fácil ver a uno de ellos.

En la tierra, los colores de los gecos de cola de hoja son similares. Pero pronto se irán correteando y treparán diferentes árboles. Allí, el color de cada geco cambiará a tonos de marrón o verde. Luego parecerán diferentes unos de otros, aunque sean el mismo tipo de geco.

¿Ya encontraste los gecos de cola de hoja? Si observas con atención, podrás encontrar tres.

Escondidos a simple vista

Al igual que los gecos de cola de hoja, muchos animales usan el **camuflaje** para protegerse. Su piel, sus caparazones, su pelaje o sus plumas se ven como su entorno. Es difícil para un depredador ver a un animal que tiene el color y la forma de las cosas que lo rodean. Algunos depredadores usan el camuflaje para esconderse de su presa. Si su presa se acerca, la atrapan y la comen.

Chinche emboscadora
Donde vive: Este de Norteamérica
Qué tiene de especial: Este insecto se posa en las flores, especialmente en la vara de San José. Cuando un insecto se posa allí, la chinche emboscadora lo captura y lo mata con veneno. La chinche emboscadora suele atacar insectos más grandes que ella. Busca el cuerpo verde y marrón de la chinche.

Mantis orquídea malaya
Donde vive: Bosques tropicales de Malasia
Qué tiene de especial: Esta mantis parece una orquídea. Al igual que las orquídeas, algunas mantis son rosadas o moradas. Para encontrar la mantis, busca sus ojos oscuros.

Cangrejo blando del coral
Donde vive: Arrecifes de coral cerca de Indonesia
Qué tiene de especial: Este cangrejo vive entre los pólipos del coral. Para encontrar el cangrejo, busca sus patas espinosas con manchas rosadas.

Lucir peligroso

No todos los animales sobreviven gracias al camuflaje. Los animales peligrosos suelen tener colores brillantes o patrones que los hacen resaltar. Los depredadores evitan a los animales con colores llamativos. Algunos animales inofensivos tienen colores y patrones que imitan, o copian, de los animales peligrosos. Estos imitadores permanecen a salvo gracias a la **imitación.**

Modelo: Mariposa tigre

La oruga de la mariposa tigre come hojas que hacen que el adulto tenga un sabor horrible para los depredadores. Los adultos también pueden liberar fluidos que huelen mal.

Imitación: Mariposa danaida

La hembra de la mariposa danaida se parece a la mariposa tigre, pero no tiene un sabor feo. Los depredadores la confunden con la mariposa tigre y se alejan de ella.

Modelo: Avispa de chaqueta amarilla

La avispa de chaqueta amarilla puede darles una picadura dolorosa a los depredadores.

Imitación: Sírfido de chaqueta amarilla

Este sírfido inofensivo se parece a la avispa de chaqueta amarilla. También hace ruido como ella.

Modelo: **Serpiente de coral**

Modelo: **Serpiente de coral**

La serpiente de coral venenosa tiene bandas amarillas, negras y rojas. Al igual que un camión de bomberos rojo a toda velocidad, sus bandas dicen: "¡Cuidado!". La serpiente reina escarlata no es venenosa, pero tiene bandas como las de la serpiente de coral. Los depredadores saben que las serpientes de coral pueden enfermarlos. Así que evitan a todas las serpientes con bandas, incluida la serpiente reina escarlata.

Imitación: **Serpiente reina escarlata**

Depredadores confundidos

Algunos animales confunden a los depredadores o los asustan. Pueden hincharse para parecer más grandes. Sus marcas pueden parecerse a las marcas de un animal más grande.

Polilla io
Cuando se asusta, la polilla io abre las alas (arriba). En sus alas traseras hay ocelos. Para los depredadores, los ocelos se parecen a los ojos de un búho (a la derecha).

Oruga harpía

La oruga harpía es verde como una hoja. Cuando se asusta, mete su cabeza en su cuerpo y retrocede. Un depredador ve una "boca" roja grande. Si eso no asusta al depredador, ¡las dos colas de la oruga le lanzan un chorro de ácido!

Algunos animales usan el camuflaje para esconderse de los depredadores. Otros animales tienen colores brillantes y patrones que mantienen alejados a los depredadores. Sea cual sea la estrategia, el objetivo es siempre la supervivencia.

Compruébalo ¿Cómo protege a un animal de sus depredadores la imitación?

Lee para descubrir cómo algunas plantas obtienen nutrientes de una manera poco común.

Tramp

por Judy Elgin Jensen

Una rana salta entre las plantas de rocío del sol. Nunca sospecha que las plantas son peligrosas. ¡Upa! Demasiado cerca. Ahora la rana está pegada a la planta. El líquido pegajoso del rocío del sol sofocará a la rana. Luego, la rana se convertirá en sopa para la planta de rocío del sol.

Las plantas usan la luz solar para producir su propio alimento. Las plantas también necesitan **nutrientes** del suelo, como el nitrógeno. En muchos pantanos y ciénagas, el suelo no contiene suficientes nutrientes. Las **plantas carnívoras** de estos lugares obtienen nitrógeno de los animales que atrapan.

as

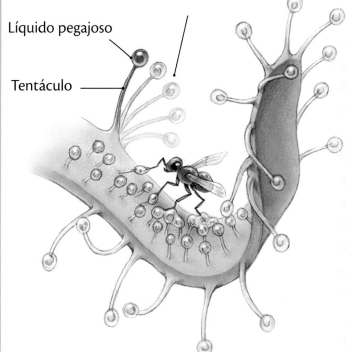

Los tentáculos de un rocío del sol se pliegan para atrapar a su presa.

Líquido pegajoso

Tentáculo

Esta rana quedó atrapada en una planta pegajosa de rocío del sol.

Rocíos del sol

Hay aproximadamente 150 especies de plantas de rocío del sol. Algunas son tan diminutas como una moneda de 10 ¢. ¡Otras son tan altas como tú! Algunas hojas de rocío del sol crecen en un círculo y otras crecen hacia arriba en tallos. Pelos gruesos, o tentáculos, cubren las hojas. El líquido pegajoso que hay en cada tentáculo atrapa y digiere a los animales.

Col de vejigas

Una planta parecida a una red cubierta con "burbujitas" flota en un estanque. Un animal pequeño pasa nadando y toca los tricomas de una burbuja. ¡Zas! La burbuja succiona el agua que rodea al animal. El agua lleva al animal consigo. No era una burbuja: ¡era una trampa!

La trampa se cierra de golpe. Los jugos digestivos llenan la trampa. Adiós, animalito.

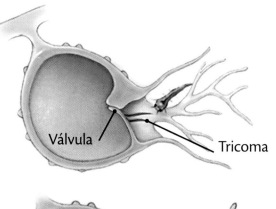

Válvula   Tricoma

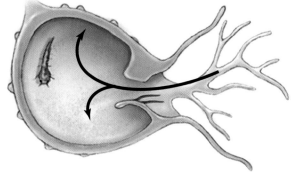

La col de vejigas bombea agua fuera de su trampa. Si un animal toca un tricoma, la trampa se abre. El agua entra a toda velocidad y el animal también.

La col de vejigas no tiene raíces para obtener nutrientes del suelo. En cambio, obtiene sus nutrientes de animales diminutos.

Venus atrapamoscas

Las venus atrapamoscas capturan animales pequeños que se arrastran por sus hojas. Hay tricomas dentro de cada hoja. Si un animal toca los tricomas, la hoja se cierra de golpe y atrapa al animal. Después de unos siete días, digiere al animal atrapado. Luego la hoja se abre de nuevo, lista para su siguiente comida.

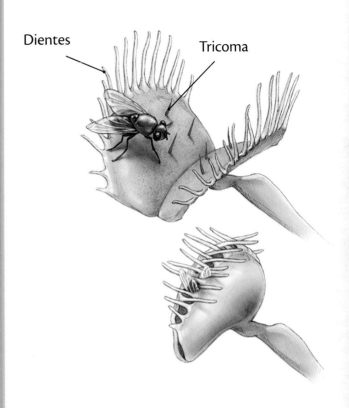

Dientes

Tricoma

Cuando un insecto pasa caminando por la hoja de una venus atrapamoscas, toca los tricomas. Eso hace que las dos mitades de la hoja se cierren de golpe.

Sarracenias

Una hoja con forma de jarra despide un olor dulce de néctar. Una hormiga se inclina hacia ella para sorber el néctar. Pronto la hormiga se desliza hacia el interior resbaladizo de la sarracenia. En el fondo hay una pileta de agua y fluido digestivo. Allí, la hormiga se ahoga. El cuerpo de la hormiga se descompone y libera los nutrientes que la planta necesita.

Cuando la hormiga intenta arrastrarse fuera de la sarracenia, se encuentra con pelos que apuntan hacia abajo. Los pelos actúan como lanzas y mantienen a la hormiga en la pileta.

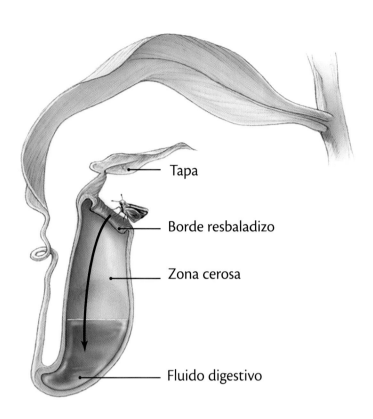

Tapa

Borde resbaladizo

Zona cerosa

Fluido digestivo

Las plantas carnívoras prosperan donde la mayoría de las plantas no pueden obtener suficientes nutrientes. Sus estructuras especializadas atrapan y digieren animales pequeños. Esto les da a las plantas los nutrientes que necesitan.

Mmm. Jugo de insecto.

Compruébalo ¿Cómo atrapa una hormiga la hoja de la sarracenia?

HERRAMI

por Julia Osborne

¿Qué tipos de herramientas usas? Probablemente usas muchas. Pueden ser simples, como las cucharas, o complejas, como las computadoras. Las herramientas son objetos que se usan para realizar una tarea. Los seres humanos usan muchas herramientas distintas.

Los científicos pensaban que únicamente los seres humanos tenían suficiente inteligencia para usar herramientas. Pero esa idea está cambiando.

Por ejemplo, al buitre egipcio le gusta comer huevos. Si un huevo es pequeño, el buitre lo levanta y lo deja caer. Cuando el huevo se rompe, el buitre sorbe el contenido. Los huevos de avestruz son demasiado grandes para que los buitres los levanten. El buitre usa una piedra como herramienta. Lanza la piedra al huevo para romperlo y luego se come su contenido.

Continúa leyendo para aprender cómo algunos animales usan objetos para realizar una tarea o cambiar su medio ambiente.

Un buitre egipcio deja caer una piedra sobre un huevo.

El sonido del agua que corre rápidamente provoca un comportamiento especial en el castor. Este construye un dique que retiene el agua y forma un estanque.

Usar el instinto

Todos los animales realizan acciones complejas llamadas **comportamiento.** Algunos animales actúan por **instinto,** sin aprender de otros animales. Los animales heredan los instintos de sus progenitores.

El trabajo de los castores muestra cómo el instinto puede guiar el comportamiento. Los castores talan árboles. Usan ramas y lodo para construir su hogar en estanques. Su hogar los protege de los depredadores.

¿Qué sucedería si no hubiera un estanque? Los castores usan ramas y lodo para construir un dique a través de un arroyo. El dique bloquea el agua que fluye y forma un estanque tranquilo. Las ramas y el lodo son herramientas que cambian el medio ambiente de los castores.

¿Los castores jóvenes aprenden a construir de los adultos? Los científicos observaron a los castores jóvenes que se criaron sin adultos. En el primer intento, los jóvenes construyeron un dique igual a los diques construidos por los castores adultos. La respuesta fue clara: construir diques es un instinto.

> **Este mono capuchino rompe una nuez.**

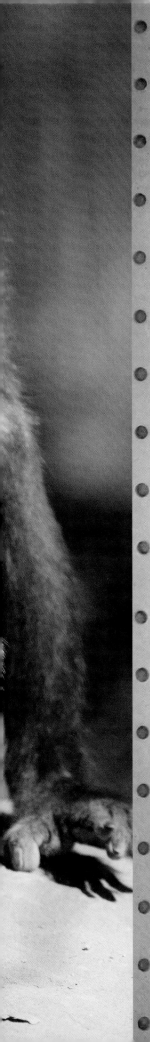

Aprender a usar herramientas

Cuando eras pequeño, aprendiste a comer con una cuchara. Muchos animales jóvenes también aprenden a usar herramientas. Los monos capuchinos salvajes aprenden a romper nueces con piedras y así obtienen su sabroso contenido. Romper nueces es un comportamiento aprendido.

Casi desde que nacen, los capuchinos jóvenes observan el comportamiento que tienen otros monos que rompen nueces. Les toma unos años de observación y práctica antes de dominar la técnica. Los monos recién nacidos golpean cosas con piedras y otros objetos. Los monos de un año comienzan a intentar romper nueces. Cuando tienen casi tres años de edad, los monos pueden colocar la nuez de la manera correcta y dejar caer la piedra en forma precisa. ¡Se han convertido en expertos cascanueces!

A veces, los monos adultos que no saben cómo romper nueces se unen al grupo. Estos adultos aprenden la destreza observando a otros monos y practicando por su cuenta.

Una nutria de mar usa una roca para abrir una almeja.

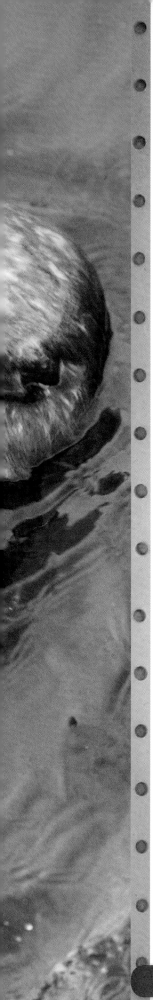

Herramientas en el agua

Las peludas nutrias marinas pasan la mayor parte de su tiempo en el mar: cazan, comen y duermen allí. Suelen flotar de espalda. Se mantienen en su lugar con hebras de algas marinas.

Algunas nutrias de mar han aprendido a usar rocas como herramientas. Cuando a la nutria le da hambre, se sumerge en el fondo del mar en busca de una almeja. También recoge una roca.

La nutria flota sobre su espalda con la roca en su abdomen. Luego rompe la almeja golpeándola contra la roca. La almeja se abre. Mmm. Un bocado apetitoso.

Los científicos están cambiando sus ideas sobre cómo los animales usan herramientas. Han descubierto que ciertos animales saben cómo usar herramientas por instinto. Otros aprenden a usar herramientas observando o probando por su cuenta.

Compruébalo   ¿Cuál es la diferencia entre un instinto y un comportamiento aprendido?

Comenta

1. Las tres lecturas de este libro son "Trucos", "Trampas" y "Herramientas". Describe algunas de las maneras en las que se conectan estas tres lecturas.

2. Piensa en los animales de "Trucos". ¿Cuáles son algunas maneras en las que su forma y sus colores los protegen de los depredadores?

3. Compara lo que hace la planta de rocío del sol en "Trampas" con el comportamiento de la chinche emboscadora en "Trucos". ¿En qué se parecen y en qué se diferencian?

4. Describe cómo los monos capuchinos aprenden a abrir nueces.

5. ¿Qué más te gustaría saber sobre las plantas y los animales de este libro? ¿Cómo puedes saber más?